PROJET
DE RÉORGANISATION
DU
LABORATOIRE MUNICIPAL DE PARIS

PAR

J. BRUHAT

En collaboration avec un groupe d'EXPERTS CHIMISTES

« On ne fait pas de bonne police à Paris,
quand on n'a pas l'opinion pour soi. »
M. Léon Renault.

PARIS
IMPRIMERIE Vve HUGONIS.
6, rue Martel, 6

1890

PROJET

DE RÉORGANISATION

DU

LABORATOIRE MUNICIPAL DE PARIS

PAR

J. BRUHAT

En collaboration avec un groupe d'EXPERTS CHIMISTES

> « On ne fait pas de bonne police à Paris.
> quand on n'a pas l'opinion pour soi. »
> M. Léon Renault.

PARIS

IMPRIMERIE Vᵛᵉ HUGONIS

6, rue Martel, 6

—

1890

LA RÉORGANISATION

DU

LABORATOIRE MUNICIPAL

PRÉFACE

Dans sa séance de nuit du 27 décembre, le Conseil municipal votait le budget du Laboratoire et le fixait ainsi :

Personnel......................	204.100 fr.
Matériel......................	74.240
Entretien des locaux...........	3.000
Achats d'échantillons types....	1.500
Total.........	282.840 fr.

Voilà donc ce que coûte à la ville de Paris le Laboratoire municipal tel qu'il existe actuellement.

Or, le conseil est unanime à reconnaître que ce laboratoire fonctionne mal et que sa réorganisation s'impose d'urgence.

Mais comment réorganiser ce laboratoire ?

Comment obtenir de lui, sans augmenter (autant que possible) les charges déjà si lourdes qui pèsent sur les contribuables, les services qu'il pourrait et devrait rendre, tandis que, dans l'état actuel des choses, ces services se réduisent à néant et que les résultats qu'il produit, loin d'être utiles, sont funestes ?

La Commission de contrôle est embarrassée, très embarrassée même.

Nous le comprenons sans peine.

Aussi ne fait-elle rien du tout... ce qui est beaucoup plus simple.

Et pourtant, si cette Commission, quoique reconnaissant son incompétence, eût tenu à s'acquitter de la tâche que lui avait confiée le conseil et qu'elle avait accepté de mener à bien, il lui était bien facile de s'entourer de l'opinion des personnes vraiment compétentes dans l'espèce, et de s'adresser aux experts chimistes dont le rôle est de contrôler presque journellement les opérations du laboratoire et qui s'occupent de recherches semblables ; aux chefs de laboratoires similaires existant à Paris et aussi aux anciens chimistes et experts-inspecteurs qui ont passé par le laboratoire, qui connaissent par expérience jusqu'aux moindres détails du service, et qui n'ignorent rien des bons côtés et aussi des vices du fonctionnement actuel.

Aucun d'eux n'eut refusé à la Commission son concours le plus empressé et aussi le résultat de son expérience personnelle pour l'aider dans sa tâche.

La Commission aurait pu ainsi étudier la question sous toutes ses faces, à tous ses points de vue, rassembler une série de vœux et de desiderata et, de ce dossier d'ensemble, tirer un projet de réorganisation de nature à rendre à ce service la considération et la faveur dont il aurait pû et dû jouir, sans le manque absolu de surveillance et de contrôle, sans les mauvaises habitudes qu'on a laissé prendre au personnel, et aussi sans l'arbitraire et insouciante direction qui l'a jusqu'ici régi.

Ce que la Commission municipale du contrôle n'a pas cru devoir faire, nous venons de le faire pour elle, et notre premier devoir sera de remercier les savants, les experts chimistes et nos anciens collègues du laboratoire de l'empressement dévoué qu'ils ont mis à nous apporter leur concours de praticiens.

Nous l'avons fait, croyons-nous, de la façon la plus impartiale, nous ne dirons pas absolument comme si le laboratoire était encore à créer et s'il s'agissait de son organisation primordiale : il fallait réformer les abus trop connus, et, connaissant le mal, y appliquer le remède.

Que notre tentative soit perfectible, cela est bien certain; mais telle qu'elle est, nous la croyons pourtant une amélioration considérable sur le *statu quo*, et de nature à mettre fin aux abus les plus criants de l'institution envers le public, comme aussi à supprimer certains abus peu connus du public à l'égard du laboratoire.

Nous nous sommes attaché à donner toutes garanties aux chimistes, leur permettant de mener à bien les analyses qui leur sont confiées et en enserrant leur rôle dans ses véritables limites; à supprimer les erreurs de fonctionnement des experts inspecteurs ; à donner à tout le personnel un traitement rationnel digne des services qu'ils sont appelés à rendre et à les mettre à l'abri des vexations arbitraires et des punitions disciplinaires inqualifiables qui ont produit ce renouvellement constant et paraissant inexplicable, si funeste à la bonne exécution du service. D'autre part, et toujours en vue de cette dernière considération, nous avons cherché à établir la responsabilité directe et pratique de ce personnel et à le soumettre à un contrôle scientifique et administratif efficace, afin d'empêcher dans l'avenir ces erreurs si nombreuses et parfois phénoménales, et le fonctionnement arbitraire et illégal qu'on a pu reprocher à l'administration actuelle et l'ont entièrement déconsidérée.

Il faut bien le reconnaître, en effet, la direction du laboratoire, pour augmenter son importance et arrondir son fromage de Hollande, selon la pittoresque expression de M. Millerand, paraît n'avoir eu jusqu'ici qu'un seul but:

faire le plus grand nombre possible d'analyses, qu'elles soient ou non dans ses attributions ; trancher en académie *de omni re scibili et... quibusdam aliis*, sans expériences préalables suffisantes, sans procédés scientifiques certains.

Ses procédés, elles les gardait secrets et les déclarait infaillibles ! Arme à double tranchant, car le jour où ils furent dévoilés au public scientifique, ils furent reconnus ridicules et furent traités de *combles*. En somme, elle a cherché à produire la somme maxima de travail sans aucun souci de la qualité du travail ainsi produit.

Mais aussi quels beaux résultats !

Analyses faites à la hâte ou *pas faites du tout*. (Il fallait remettre les conclusions à jour fixe qu'on ait eu ou non le temps de les faire consciencieusement, sous peine de punition disciplinaire.)

Moyennes arbitraires et fausses permettant de faire condamner, sur deux chiffres trouvés par l'analyse, des débitants, alors que, d'après l'avis unanime des membres du congrès international de chimie, un nombre bien plus considérable d'éléments dosés ne saurait permettre de conclure que ce produit est *bon* ou *mauvais*. Et ces moyennes maintes fois supprimées même par le préfet de police, servent *toujours*, quoiqu'on en ait dit, à tirer des conclusions au laboratoire (sinon sur la quantité du mouillage tout au moins sur la qualification).

Ajoutez à cela le système de terrorisation par la voie de la Presse, au moyen des compte-rendus mensuels mal interprêtés, compte-rendus ayant pour but de faire croire à d'immenses services rendus par le laboratoire à la santé publique. Et pendant ce temps-là, la véritable falsification, la falsification *nuisible*, quoique sa recherche fut annoncée et relatée avec grands détails dans les *documents du laboratoire*, ne figurait même pas dans les tableaux officiels indiquant les corps que les experts ont à rechercher dans les produits dont l'analyse leur est confiée.

Or, quels étaient les conséquences de ce système de terrorisation ?

La dépréciation de nos produits en France et à l'étranger, la ruine et le déshonneur de notre commerce, même le plus honnête ; une diminution considérable de notre fortune nationale, et, d'autre part, les fraudeurs se servant de la publicité des travaux du laboratoire, pour se mettre à l'abri de ses coups, et frauder à leur aise sans crainte et sans danger : le petit commerçant devenant le plus souvent son gérant responsable, et inconscient.

En résumé, la direction du laboratoire semble avoir pris pour devise : Beaucoup de surface (à coups de réclames) et pas de fond, mais être à la fois accusateur et juge pour paraître avoir toujours raison.

Et voilà comment un pareil état de choses a pu durer près de dix ans !

Pourtant, malgré des principes aussi… habiles, la vérité s'est fait jour enfin, à ce point que les défenseurs même les plus constants de sa direction n'osent plus la défendre en public et sont obligés de reconnaître et d'avouer que la réorganisation du laboratoire s'impose, et s'impose d'urgence.

Le Conseil municipal l'a compris ainsi en invitant sa Commission de contrôle à lui apporter dès le début de sa prochaine session, c'est-à-dire dans quelques jours, un projet de réorganisation.

Mais avant toute réorganisation, une épuration sérieuse du personnel s'impose, avec une nouvelle direction qui, seule, pourra procéder d'une main ferme et consciencieuse, à cette épuration nécessaire et à cette réorganisation plus qu'urgente.

Ce sont ces considérations qui nous ont décidé à publier ce projet de réorganisation qui, comme nous l'avons déjà dit, n'est pas notre travail personnel, mais l'œuvre collective d'un grand nombre de praticiens connaissant la question dans tous ses détails, dans ses replis les plus intimes, et les plus aptes, par conséquent, à parer aux abus devenus légendaires du laboratoire actuel, et procéder à sa réorganisation méthodique.

Partisans absolus du Laboratoire municipal, jaloux de la bonne considération d'une institution à laquelle plusieurs d'entre nous ont eu l'honneur d'appartenir, nous serons heureux si notre travail apporte un élément utile à la rénovation de ce service, lui ramène la faveur et la considération publiques et l'aide à rendre à la santé publique les immenses services qu'il peut et doit lui rendre.

J. BRUHAT.

PROJET DE RÉORGANISATION

LABORATOIRE MUNICIPAL

------- o-o-o -------

CONSIDÉRATIONS GÉNÉRALES

Faire l'étude complète et motivée de chacune des réformes proposées serait ici pratiquement impossible (elle nous entraînerait trop loin). Nous ne pourrons donc que faire rapidement passer sous les yeux des lecteurs, une sorte de sommaire aussi complet et aussi clair que possible, mais seulement un sommaire. Nous tenons, au reste, à la disposition de la commission de contrôle tous les détails de notre projet et le « *pourquoi* » des réformes proposées.

Les grandes lignes de notre projet de réorganisation consistent en :

1° Rattachement du LABORATOIRE DE CHIMIE à la préfecture de la Seine ; modification essentielle dans le nombre et le fonctionnement du personnel ; responsabilité effective des chimistes et chimistes principaux, contrôle efficace des analyses et modification profonde de ces dernières ;

2° Scission complète, absolue, entre le *Laboratoire de chimie*, rattaché à la préfecture de la Seine, et le SERVICE DES EXPERTS INSPECTEURS DE POLICE SANI-

TAIRE, laissé à l'administration de la préfecture de police, et qui devient ainsi un service autonome ;

3° Contrôle d'une COMMISSION SCIENTIFIQUE *permanente* et *rétribuée*, se réunissant tous les quinze jours et composée de cinq savants connus par leurs travaux et leur compétence dans les questions intéressant *directement* le Laboratoire et à laquelle sera joint un juriste conseil.

Enfin, nomination d'une COMMISSION MUNICIPALE chargée de contrôler les finances et le fonctionnement du personnel et du matériel et se réunissant tous les trois mois.

(Elle existe déjà... sans qu'on s'en doute.)

Etudions maintenant, avec quelques détails nécessaires, les diverses innovations proposées.

I

LABORATOIRE MUNICIPAL DE CHIMIE

Ce Laboratoire est rattaché à la préfecture de la Seine en dehors de toute ingérence de la préfecture de police. Ce Laboratoire restera dans les locaux déjà aménagés *ad hoc* de la caserne de la Cité (établissement municipal).

Personnel projeté :

1 directeur aux appointements de 12,000 fr.
2 chimistes principaux (8,000) ;
12 chimistes (début 3,000 pouvant aller à 4,500) ;
2 dégustateurs (3,000) ;
3 commis aux écritures (2,400 à 3,000) ;
1 garçon de laboratoire (1,800 à 2,400) ;
3 hommes de peine (1,500 à 1,800) ;

Total du budget de ce personnel au début : 83,500 fr.

Ce même budget avec le traitement maximum pour tout le personnel : 104,800 fr.

Voilà le personnel projeté.

On voit que nous y avons apporté des modifications profondes.

Nous avons supprimé le sous-chef du Laboratoire et la moitié des chimistes principaux, de même aussi diminué de moitié le nombre des chimistes. Nous leur assurons, d'autre part, un traitement convenable, mais nécessaire pour leur permettre de trouver dans leurs fonctions une situation non plus temporaire, mais stable, et en rapport avec les connaissances et le travail qu'on doit pouvoir exiger d'eux.

Mais si nous avons réduit de moitié le nombre des chimistes, c'est qu'une modification dont nous allons parler fera que les analyses du Laboratoire subiront une réduction notablement proportionnelle, sans toutefois que les services à rendre à la population parisienne aient à en souffrir.

Analyses du Laboratoire et rôle du personnel.— Les analyses seront de deux sortes :

1° ANALYSES QUALITATIVES. — Elles n'indiqueront au déposant que la *qualité* de l'échantillon analysé. Le Laboratoire répondra par ces conclusions exclusives : *nuisible* ou *non nuisible*.

Ce bulletin ne donnera lieu à aucune action judiciaire directe de la part du déposant qui ne pourra pas non plus s'en servir pour nuire à la réputation d'autrui, si le déposant ne peut faire la preuve légale de l'identité du produit soumis à l'analyse avec la marchandise que lui a livrée son fournisseur.

Quand un échantillon apporté par le public aura été reconnu *nuisible* par le Laboratoire, le directeur en avisera le *parquet* et lui transmettra le nom et l'adresse du déposant. Le *parquet* alors fera appeler ce dernier, lui demandera tous les renseignements utiles sur la provenance de l'échantillon reconnu nuisible par le Laboratoire, préviendra M. le préfet de police et l'invitera à faire prélever par ses experts-inspecteurs, chez qui de droit et avec les garanties exigées par la loi, trois échantillons (autant que faire se pourra) du produit suspecté.

Le premier échantillon sera renvoyé au Laboratoire qui procédera cette fois à une analyse complète (*quantitative*); le deuxième sera déposé sous scellés au *greffe du* PARQUET (pour être attribué à un expert chimiste près le tribunal désigné comme contre-expert dans le cas de contestation de la part du prévenu ou de doute sur sa culpabilité). Le troisième enfin sera laissé entre les mains de la personne chez qui aura été fait le prélèvement.

Les analyses qualitatives apportées par le public au Laboratoire ne seront plus GRATUITES.

(Il s'en est fait dans ces dernières années de véritables abus : le public apportant sans raison et pour le simple plaisir de faire faire une analyse au Laboratoire, toutes sortes de produits les plus divers ; souvent aussi pour tâcher de prendre en défaut le Laboratoire en lui envoyant sous des noms différents et à plusieurs reprises le même échantillon. On en a vu un exemple typique lors du procès du *XIXᵉ Siècle*).

Leur prix, en revanche, sera minime et calculé sur le prix de revient de ces analyses. Ce prix sera fixé sur le rapport du chef du Laboratoire par les commissions scientifique et municipale de contrôle.

Le public, toutefois, aura la faculté de faire analyser à titre *gratuit* tout produit qui par son ingestion ou son usage aura pu l'incommoder, ou qu'il croira être manifestement avarié ou nuisible ; si ce produit est, bien entendu, une denrée alimentaire ou intéressant *directement* l'hygiène publique.

Ces échantillons, destinés à être analysés gratuitement, ne seront pas acceptés directement par le Laboratoire, mais devront être remis chez le commissaire de police du quartier qui les transmettra au Laboratoire en lui signalant les motifs donnés par le déposant.

Il sera répondu à ce dernier, toujours par l'intermédiaire du commissaire de police, par la mention *nuisible* ou *non nuisible*.

Dans le cas où l'échantillon serait reconnu *nuisible*, le chef du Laboratoire fera son rapport au *parquet*, dans les formes ordinaires, en y ajoutant le rapport du commissaire de police.

Les droits et les intérêts de la santé publique seront ainsi sauvegardés, et cette mesure empêchera l'abus que je signalais tout à l'heure de la multiplicité des analyses apportées *sans raison* par le public au Laboratoire.

Analyses quantitatives. — Seront comprises dans cette catégorie, toutes les analyses apportées au Laboratoire par le service d'inspection de police sanitaire (provenant soit de ses visites quotidiennes dans les différents quartiers de la capitale, soit des prélèvements faits sur les ordres du parquet), soit par le public désirant avoir le résultat complet de la recherche analytique.

Le Laboratoire ne devra accepter à fin d'expertise que les produits alimentaires et autres produits intéressant directement l'hygiène publique.

(Il devra refuser absolument toute analyse de produits n'entrant pas dans cette catégorie et ne faire aucun travail pour des particuliers, pour des analyses ne présentant pas le caractère que nous venons de spécifier. Il lui sera donc formellement interdit de se livrer à des analyses de produits pharmaceutiques ou pathologiques, analyses de terres, porcelaines, savons, parfums, etc., etc., comme cela s'est pratiqué jusqu'ici pour le compte d'industries privées.

De pareilles recherches ne sont pas du tout du ressort du Laboratoire municipal).

Le bulletin de toute analyse quantitative renvoyé au parquet ou remis au déposant, contiendra le chiffre des éléments calculés ou dosés, l'avis (s'il y a lieu), de la dégustation ou les résultats de l'examen micrographique et la photographie (s'il est utile), de la préparation microscopique. Il contiendra aussi tous les renseignements d'ordres chimique, physique et organoleptique pouvant présenter un intérêt pour éclairer sur la nature de l'échantillon déposé.

La conclusion sera encore *nuisible* ou *non nuisible*, mais elle devra également faire mention, dans le cas où une falsification même non nuisible serait révélée par l'analyse, que tel ou tel corps se trouve en trop grande quantité d'après les règlements ou arrêtés en vigueur, de la présence de telle ou telle substance interdite ou qui ne doit pas se trouver dans le produit *loyal et marchand* et autres faits de même genre tombant sous l'application des articles 471, 477 et 423 du Code pénal, de la loi des 27 mars-1er avril 1851, 5-9 mai 1855, ou autres arrêtés en vigueur et constituant soit une contravention aux ordonnances de police, soit une tromperie sur la *nature*, la *qualité* ou la *quantité* de la marchandise vendue ou exposée en vente.

Le public qui aura apporté ces échantillons, s'il ne fournit pas la preuve légale que ce produit est bien le même que lui a livré son fournisseur, ne pourra se servir du bulletin d'analyse pour nuire à la réputation d'autrui et engager contre lui une action judiciaire directe.

Toutes les fois qu'un produit prélevé par les experts inspecteurs aura été reconnu « loyal et marchand » par l'analyse du Laboratoire, le commerçant chez qui aura été fait le prélèvement en sera immédiatement prévenu par le Laboratoire (actuellement, ils restent parfois six mois, un an et plus, avant d'être fixés à cet égard).

Mais il est bien entendu que ce Bulletin a comme but

unique de les tranquilliser et ne saurait, *en aucun cas et en aucune façon*, leur servir de réclame.

Le bulletin ne devra pas davantage, *en aucun cas*, être affiché en public, comme le font certains commerçants, et leur servir de réclame ; à cause du manque d'identité qui peut exister entre le produit analysé et le produit similaire ultérieurement mis en vente.

Les analyses quantitatives apportées par le public *seront taxées au tarif général accordé par le parquet aux experts chimistes agréés près le tribunal.*

Les conclusions analytiques seront remises au déposant et au parquet dans un délai moyen à fixer ultérieurement variable avec chaque genre d'analyse. Ce délai ne saurait être absolument fixe, certains échantillons pouvant donner lieu à un travail supplémentaire impossible à prévoir au début.

Le directeur du Laboratoire devra accorder le supplément de temps nécessaire à tout chimiste *justifiant* de l'utilité de recherches complémentaires.

Rôle du Directeur du Laboratoire. — Le chef du Laboratoire est chargé de la direction générale, il signe tous les rapports que lui transmettent les chimistes principaux, vérifie les chiffres et les conclusions, et, en cas de doute dans son esprit, fait refaire tout ou partie de l'analyse par un autre expert ou par un des chimistes principaux.

Il soutient les conclusions des rapports de son Laboratoire devant les tribunaux, mais ne devra être cité à témoin qu'en cas de contestation avec le contre-expert.

Il transmet au parquet le rapport spécial à chaque produit reconnu nuisible par l'analyse faite au Laboratoire.

Il veille à la bonne exécution du service, est membre du jury d'admission des candidats au grade de chimiste au Laboratoire, assiste aux réunions bimensuelles de la commission scientifique, approuve et signe le rapport mensuel qu'il doit présenter à cette commission, et le rapport trimestriel analogue pour la commission municipale de contrôle

Il est responsable des opérations financières du Laboratoire et a tout droit de contrôle sur les livres des employés aux écritures, ceux-ci n'étant responsables de leur gestion qu'au point de vue du droit pénal.

Enfin, le directeur, comme tout le personnel du Laboratoire et aussi le personnel du service des Experts inspecteurs de la police sanitaire, doit s'abstenir de toute occupation rétribuée chez tout commerçant ou industriel ou de toute autre situation de nature à influencer son indépendance.

Rôle des chimistes principaux. — Les deux chimistes principaux opéreront, entre les chimistes sous leurs ordres, la répartition des analyses à effectuer. Ils contrôleront le travail de ces chimistes, vérifieront les résultats, verront si les chiffres trouvés concordent bien entre eux, et aussi souvent qu'ils le jugeront utile, contrôleront eux-mêmes ou feront contrôler tel ou tel chiffre trouvé par un deuxième chimiste à l'insu du premier.

Après s'être ainsi assurés de la bonne exécution des analyses, ils en tireront les conclusions, signeront le rapport du chimiste et le transmettront au directeur.

Les chimistes principaux sont directement responsables des analyses faites par les chimistes sous leurs ordres. Leur rôle est tout de surveillance, de contrôle et de conseil. Ils ont droit à toute mesure de contrôle pour s'assurer des résultats et en partagent la responsabilité, rendue effective par leur *visa* et leur signature apposés au bas du rapport, à côté de la signature du chimiste. Ils tirent les conclusions des analyses, sauf rectification de la part du directeur.

Dans le cas où il y aurait doute dans l'esprit du chimiste chargé d'une analyse, le chimiste principal devra (si la nature ou la quantité d'échantillon s'y prête) faire procéder par un autre chimiste ou procéder lui-même à une deuxième expertise.

Il en référera au directeur sur la conclusion à tirer, et, dans le cas de doute persistant, la commission scientifique sera juge de la conduite à tenir par le Laboratoire.

Rôle des chimistes. — Le travail sera réparti entre les douze chimistes qui auront à rechercher dans les produits à eux confiés, les éléments indiqués par un tableau dressé par la commission scientifique, et affiché dans leur salle.

Si l'échantillon est insuffisant, ils en référeront à leur chef, qui refusera de faire faire l'analyse « *par défaut d'échantillon* », ou qui indiquera au chimiste les essais et dosages à effectuer et qui peuvent suffire dans certains cas.

Les chimistes sont nommés au concours dont les conditions et le programme seront déterminés par les commissions de contrôle.

Le Laboratoire ne doit pas être une école de chimie (comme elle l'a été un peu jusqu'ici). L'honneur et la fortune des commerçants et la santé publique ne sauraient être confiés aux mains de débutants venant faire au Laboratoire leur éducation scientifique et professionnelle. Ils doivent, avant leur entrée au Laboratoire, justifier d'une pratique suffisante des analyses et de connaissances scientifiques et légales, dont le concours fera la preuve.

Ils doivent à l'administration tout leur temps de séjour au Laboratoire, et les chimistes principaux sont chargés de veiller à l'exécution de cette prescription. Les chimistes ne devront pas perdre de vue qu'ils sont sous le contrôle incessant de leurs chefs de salle, du chef du Laboratoire et de la commission scientifique, et que leurs analyses peuvent être appelées à être contrôlées par les contre-experts près les tribunaux.

L'administration, enfin, dispose de tous droits disciplinaires à leur égard. (Voir *commissions*). Dans le cas d'erreur
grave commise dans une analyse, le chimiste principal
reconnu coupable de manque de surveillance, pourra être
puni des mêmes peines que le chimiste coupable de l'erreur.

Les chimistes entreront au Laboratoire avec un traitement de début de 3,000 francs, pouvant être porté à 3,600
au bout de six mois et à 4,500 au bout d'une année. de *bons
services*.

Rôle des dégustateurs. — Ils sont au nombre de deux.
Ils n'ont plus à faire de service d'inspection ni de surveillance policière. Leur service consiste à rester en permanence au Laboratoire et à déguster les liquides où leur
appréciation peut apporter à l'analyse un élément utile, et
à consigner le résultat de leur expertise sur un registre
ad hoc, laissé à la disposition des chimistes principaux, qui
auront ainsi une nouvelle indication pour le contrôle
des analyses et une facilité plus grande pour en tirer les
conclusions.

Autant que faire se pourra, chaque vin sera dégusté par
l'un et l'autre des dégustateurs.

Les dégustateurs seront choisis après concours.

Rôle des commis aux écritures. — Ils sont au nombre de
trois.

L'un d'eux (*réception des échantillons du public*), recevra
les échantillons apportés par le public (analyses qualitatives et quantitatives), inscrira le numéro d'entrée sur un
registre spécial, au nom et adresse du déposant, avec la
nature de l'échantillon et les renseignements que le déposant voudra bien lui donner *de lui-même*. Il s'occupera de la
comptabilité afférente à ces réceptions. Tous les mois, il
dressera un état à ce sujet au chef du Laboratoire, et tous

les trois mois un rapport d'ensemble pour la Commission de contrôle.

Le deuxième (*Rapports du Laboratoire. Réception des échantillons du Parquet et de la Préfecture de police*) recevra les rapports des chimistes, les consignera sur un registre spécial et sera chargé des écritures et de la correspondance avec le Parquet, la Préfecture de police et les commissions de contrôle. Il recevra les échantillons apportés par les commissaires de police (analyses gratuites) et les inspecteurs de la police sanitaire, et les fera entrer dans les formes ordinaires au Laboratoire.

Le troisième (*service du matériel et du personnel*) s'occupe des feuilles d'émargement et est chargé de toutes les questions afférentes au matériel, achats d'appareils et de produits chimiques, entretien des locaux, du matériel et des collections, et est chargé de la comptabilité spéciale à ce sujet.

Il rendra compte tous les mois de sa gestion au chef du Laboratoire, civilement responsable, et tous les trois mois à la commission municipale de contrôle.

II

SERVICE DES EXPERTS INSPECTEURS

De la Police sanitaire.

Ce service, complètement indépendant du laboratoire de chimie, restera attaché à l'administration de la Préfecture de Police, soit au Secrétariat général, soit au 4e bureau de la 2e division (police sanitaire).

Personnel projeté :

1 sous-chef de bureau, chef de service (3,600 à 4,500).
22 inspecteurs, commissaires de police sanitaire (3,000 à 3,600).
1 commis aux écritures (2,400 à 3,000).

On voit que le traitement total de début du personnel est de 72,000 francs et atteindra, avec le traitement maximum de tout le personnel, la somme de 86,700 francs, dépense supérieure à celle du service actuel, qui pour nous, est totalement insuffisant et ne rend aucun service, surtout avec son mode de fonctionnement.

20 inspecteurs seront commandés de service chaque jour, et visiteront *à tour de rôle,* chacun des arrondissements de la capitale.

Ils sont nommés au concours, sont âgés de plus de vingt-cinq ans et ont le titre de Commissaires de police. Ils prêteront serment préalable conformément à la loi.

Ils seront accompagnés, dans leur service, par un agent de police en bourgeois, qui signera avec eux les procès-verbaux.

En fait, leur nombre est plus que doublé dans notre projet.

Quant au fonctionnement, il est à modifier de tout au tout.

Aujourd'hui, leur principal rôle consiste à prélever chaque jour un nombre déterminé à l'avance d'échantillons de telle ou telle nature, qu'ils en trouvent de mauvais ou *non*. Cette pratique, qui ne saurait rendre aucun service à la santé publique, est absolument arbitraire et contraire à l'esprit de la loi. Elle est même illégale.

Nous l'avons modifiée de la façon suivante :

Rôle du personnel. — Le service des experts-inspecteurs de la police sanitaire a un double but à remplir.

1° Opérer, sur *l'ordre du parquet,* (quand un produit apporté par le public aura été reconnu *nuisible* au laboratoire), un prélèvement régulier de la marchandise suspectée et à envoyer au laboratoire le produit régulièrement prélevé avec toutes les garanties d'identité et d'origine exigées par la loi, aux fins d'une deuxième expertise pouvant seule entraîner contre le délinquant une poursuite judiciaire.

2° Visiter les halles et marchés, et parcourir les différents quartiers qui leur sont assignés, surveiller les produits exposés en vente, faire détruire *immédiatement* ceux qui sont *manifestement* gâtés, corrompus ou nuisibles, et prélever régulièrement tous ceux qui leur paraissent suspects, *mais ceux-là seulement*.

Les experts inspecteurs ont tous droits de visite. Ils peuvent prélever, ouvrir et vérifier (après avoir contrôlé l'intégrité des bandes et cachets de garantie) tout produit exposé ou mis en vente même en flacons, boîtes ou paquets scellés ou cachetés par le fabricant, et destinés à être vendus tels qu'il les livre. Dans ce cas, le détaillant ou l'entrepositaire est *de droit* hors de cause, et le fabricant directement responsable de la marchandise garantie par lui et mise en vente par l'intermédiaire du détaillant.

Les experts-inspecteurs seront directement responsables de leurs actes, et pourront être cités à témoin devant les tribunaux pour faits de leur service.

Tous les jours, à une heure fixe, ils se rendront dans une salle affectée à cet usage (pour la commodité du service, on pourrait prendre une salle du sous-sol du laboratoire), et ils rendront compte à leur chef de service de l'emploi de leur journée.

Ils relateront sur une feuille de service tous les détails relatifs à l'état de salubrité des établissements et marchés visités, ainsi que les saisies et destructions opérées par eux.

Cette feuille sera signée par eux et par l'agent qui les aura accompagnés.

Enfin, ils recevront de leur chef les ordres pour le service du lendemain, et le numéro de l'arrondissement qu'ils devront visiter.

Les produits prélevés par les experts-inspecteurs et leurs

agents seront apportés par eux au poste de police le plus proche qui les fera transmettre à la préfecture de police au moyen des voitures cellulaires, avec les échantillons destinés à l'analyse gratuite et déposés dans les commissariats par le public.

Dans le cas où un échantillon apporté par le public ou prélevé par les inspecteurs serait susceptible de se détériorer du jour au lendemain, les commissaires de police les feront immédiatement transporter au laboratoire à fin d'expertise et signaleront les motifs de ce transport rapide.

M. le Préfet de police est invité à faire passer à ces fonctionnaires une circulaire dans ce sens.

Les experts inspecteurs devront tout leur temps à l'administration, même le dimanche (qui est loin d'être un jour de repos pour les fraudeurs). Ils auront droit à un jour de congé tous les onze jours. Ils pourront être employés à toute heure de jour et de nuit, si les nécessités de la bonne exécution du service l'exigent. Tout service de nuit sera suivi d'un jour de repos.

Les deux inspecteurs supplémentaires remplaceront leurs collègues ayant fait un service de nuit ou en congé.

Comme il a été dit plus haut à propos du Laboratoire de chimie, tout prélèvement effectué sera opéré, autant que faire se pourra, en trois échantillons cachetés, numérotés et certifiés par l'expert inspecteur et son agent, et le marchand qui signera également le procès-verbal de saisie; le premier échantillon destiné au Laboratoire de chimie, le second au greffe du Parquet en vue d'une contre-expertise, le troisième devant être laissé entre les mains du marchand chez qui aura été fait le prélèvement.

RÔLE DU CHEF DE SERVICE. — Il restera en permanence à la préfecture de police, recevra les ordres du Parquet et assistera à la réception des marchandises prélevées ou apportées par les voitures cellulaires, et s'occupera de leur transfert au Laboratoire ou au greffe du Parquet.

Il recevra le rapport de ses experts inspecteurs et donnera les ordres pour les opérations du lendemain. Il assistera aux séances de la Commission scientifique et de la Commission municipale de contrôle. Il fera son rapport tous les mois à la première et tous les trois mois à la seconde. Il fera partie du jury d'examen des experts inspecteurs et aura la responsabilité générale des opérations de son service.

LE COMMIS AUX ÉCRITURES sera chargé de la rédaction du livre de rapports des experts inspecteurs et des rapports du service avec la Préfecture de police, le Parquet, le Laboratoire de chimie et les Commissions de contrôle. Il dressera également les feuilles de vacation des experts inspecteurs dont le produit sera versé chaque mois à la caisse municipale sous le contrôle et la direction du chef de service, civilement responsable.

Voilà à grands traits les principaux détails d'ensemble de notre projet de réorganisation en ce qui concerne le personnel actif. Cela nous permet maintenant de dire deux mots d'une remarque qui a bien son importance.

On voit que les opérations du Laboratoire de chimie et du service d'inspection se rapportent *uniquement* à des échantillons *déjà suspects*, et au public qui les a apportés et aux inspecteurs qui les ont prélevés, et qu'ils ne correspondent en rien à la qualité moyenne des denrées alimentaires vendues à Paris. Toute statistique serait donc un non sens; de là cette conclusion : *Les opérations du Laboratoire et du service d'inspection ne devront être l'objet d'aucune communication à la Presse*, excepté seulement dans deux cas :

Les procédés scientifiques nouvellement introduits dans la pratique des analyses du Laboratoire devront être indiqués, après un contrôle préalable de la Commission scientifique et avis conforme des deux Commissions de contrôle, dans le *Bulletin municipal officiel.*

De même aussi, toutes les fois qu'une nouvelle falsification sera découverte, cette question devra être étudiée au Laboratoire ; le directeur, dès qu'il aura le moyen de la reconnaître, devra en prévenir le public, le mettre en garde contre la nouvelle falsification et lui permettre ainsi de s'en garantir.

III

COMMISSION SCIENTIFIQUE DE CONTROLE

Rôle de la commission. — Nous avons réservé à cette commission un rôle des plus importants, dans ce projet de réorganisation.

Cette commission, en effet :

1° Constituera le jury d'admission pour les candidats aux titres de chimiste du laboratoire et d'expert inspecteur de la police sanitaire.

Elle sera assistée, dans le premier cas, par le chef du Laboratoire municipal, et dans le deuxième, par le chef du service d'inspection de la Préfecture de police.

Ces examens sont absolument distincts l'un de l'autre.

2° Elle est chargée de la vérification des méthodes analytiques employées au Laboratoire.

3° Elle est également chargée de l'interprétation à tirer des expertises présentant un caractère douteux.

4° Enfin, de l'application juridique des expertises du Laboratoire et des opérations du service d'inspection.

La commission scientifique sera composée de cinq membres pris parmi les savants bien connus par leurs travaux sur les questions que le Laboratoire est chargé d'examiner, et constituée de façon à comprendre autant que possible des spécialistes connaissant dans leur ensemble les différentes sortes d'expertises du Laboratoire.

A cette commission sera joint un juriste conseil chargé :

1° De l'examen des candidats aux titres de chimiste du Laboratoire ou d'expert inspecteur de la police sanitaire, sur les questions de droit et de procédure intéressant ces services et exigées des candidats.

2° De donner son avis aux membres des commissions de contrôle sur toutes les questions de droit pénal et de procédure auxquelles pourront donner lieu les travaux du Laboratoire et du service des experts inspecteurs.

3° Servir d'arbitre dans les conflits d'attribution qui pourraient surgir.

La commission scientifique se réunira tous les quinze jours au Laboratoire. Elle entendra le directeur sur les procédés analytiques en usage ou nouvellement introduits dans la pratique des analyses au Laboratoire, et sur les falsifications nouvelles qui seraient décélées ou signalées. Elle l'éclairera de ses lumières et pourra, quand bon lui semblera, inspecter le Laboratoire au point de vue des analyses et contrôler les opérations qui y sont faites.

Dans les cas d'erreurs graves relevées dans les opérations du Laboratoire, la commission en entendra le chef, le chimiste principal chef de salle, et le chimiste accusé. Elle statuera sur la décision à prendre à l'égard des deux derniers, après les avoir entendus.

Nulle révocation ne pourra être décidée de ce chef sans l'avis préalable et conforme de la commission.

Pour tous les autres cas, les préfets, chefs de service, prendront la décision qu'ils jugeront utile, après en avoir prévenu la commission municipale de contrôle et pris son avis.

Le chef du Laboratoire présentera tous les mois à la commission scientifique un rapport sur les opérations du Laboratoire.

Il en sera de même du chef de service d'inspection de la Préfecture de police.

Un rapport trimestriel sera de même présenté par ces deux chefs de service à la commission municipale de contrôle en ce qui la concerne.

Tous les ans, la commission scientifique présentera un rapport d'ensemble au Conseil municipal.

Chaque membre de la commission scientifique sera nommé pour un an.

Son mandat est renouvelable.

Chaque membre recevra un *jeton de présence* de 50 francs.

Soit un budget total de 7,200 fr.

CONCLUSIONS

Le service sanitaire de la ville de Paris étant ainsi constitué, ne coûtera pas plus cher aux contribuables que le service actuel.

Si nous établissons, en effet, son budget, nous voyons :

Préfecture de la Seine :

1° *Laboratoire municipal de chimie*

    Traitement de début du personnel,   83.500 fr.
    Traitement maximum............   104.800 —

2° *Commission scientifique de contrôle* (6 membres) 7.200 fr.

Préfecture de police :

Service des experts-inspecteurs de la police sanitaire

    Traitement de début, 72.000 fr.
    Traitement maximum, 86.000 —

En somme, le budget total du personnel des deux préfectures serait au début de 162,700 fr. et avec le traitement maximum pour *tout* le personnel : 198,700.

(Le budget actuel étant de 204,100 fr. et le préfet de police demandant encore une augmentation nécessaire pour le traitement du personnel).

Une réduction sensible pourra être également opérée sur le budget du matériel, à cause de la diminution de moitié du nombre des chimistes et de la réduction du nombre des analyses.

Remarquons en outre que les recettes provenant des *analyses qualitatives* et *quantitatives* du Laboratoire et des *vacations* des experts-inspecteurs de la préfecture de police viendront encore diminuer les charges des contribuables.

Dans ces conditions, sous le double contrôle des commissions scientifique et municipale, avec la responsabilité effective des chimistes principaux et des chimistes, en laissant à ceux-ci le temps nécessaire pour mener à bien le travail dont ils sont chargés, il y a tout lieu de prévoir que les erreurs graves qui ont entièrement discrédité le Laboratoire actuel, ne devront plus se reproduire ; que les procédés analytiques soigneusement contrôlés par la commission scientifique ne pourront plus être l'objet des vives et justes attaques si longtemps formulées par tous les praticiens ; qu'on ne pourra plus reprocher aux experts-inspecteurs leurs procédés arbitraires autant qu'inefficaces; qu'enfin les grandes causes de critique seront ainsi écartées.

Une nouvelle ère de confiance et de popularité pourra se rouvrir pour ces services, les causes de ce conflit perpétuel qui a amené de si vives discussions au sein du conseil municipal seront ainsi supprimées, et le conseil aura le droit d'être justement fier de sa création et des services qu'il aura rendus par là même à la population parisienne toute entière : commerçants honnêtes et consommateurs.

Seuls, les fraudeurs pourront avoir à s'en plaindre.

Mais ce sera justice, et qui donc oserait prendre leur défense ?

Paris. — Imprimerie Vᵉ Hugonis, 6, rue Martel.

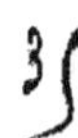